VOYAGE

DANS

L'ITALIE DU NORD

(1865)

PAR

Robert des MAISONS

ROUEN

DE L'IMPRIMERIE LÉON DESHAYS ET Cⁱᵉ,

Rue Saint-Nicolas, 28 & 30,

—

MDCCCLXXI.

VOYAGE

DANS

L'ITALIE DU NORD

1865

Un philosophe a dit quelque part que tout est pour le mieux dans le meilleur des mondes ; je crois volontiers cette maxime, ou du moins je suis tenté de la trouver bonne. Qui voyage, plus que personne, peut en parler en connaissance de cause.

Ceci, pour arriver à dire que malgré mon goût pour les voyages, regrettant Paris que je quitte, je sais gré au train express d'emmener les voyageurs au moment où la nuit vient et qu'ils ont profité d'une journée entière dans Paris.

J'ose dire que si l'express partait à deux heures de l'après-midi, les Parisiens voyageraient avec moins de plaisir, car tout dépend du premier pas, en cela comme en autres choses.

Ce fut donc avec une vive satisfaction que le 12 août, un samedi, nous quittâmes Paris, Léon B... et moi, à huit heures cinq minutes du soir, en route pour les lagunes, dans un excellent coupé du chemin de fer de l'Est.

Dès le commencement de ce récit, le mot lagunes trouve sa place, car au début du voyage, ce qui me tentait le plus c'était Venise.

Entre Paris et Bâle, nous croisons des trains de plaisir que les fêtes du 15 août prochain attirent de tous les points de la France vers Paris. Les cris des voyageurs, entrecoupés par le sifflet et le bruit des machines, le désir de trouver du merveilleux sur la route même du pays des merveilles me font rêver de l'Enfer du Dante. De loin ce vacarme affreux semblait nous signaler l'arrivée d'une de ces bandes de damnés qui passaient en hurlant d'une façon si lamentable devant le merveilleux et célèbre voyageur dont la route n'a été parcourue depuis par personne du nombre des vivants.

— 13 AOUT. —

Au point du jour, entre Altkirch et Bâle, nous traversons un pays agréable, au milieu de la verdure sur laquelle tranchent d'une façon fort gaie les tuiles rouges des maisons.

Nous sommes à Bâle : le train s'arrête juste à temps, ou peut-être juste assez de temps pour ne pas nous faire mourir de faim. Nous faisons une razia de petits pains qui doivent subvenir à l'insuffisance de notre repas.

Alors, tout devient nouveau et inconnu pour moi, la forme des wagons, l'amabilité des employés du chemin de fer, dont l'un reconnaît Léon B... pour l'avoir déjà vu en Suisse, il lui serre amicalement la main.

J'insisterai particulièrement sur la verdure de la Suisse, car mon amour-propre de normand en a souffert : il faut l'avouer, la verte Normandie est loin de la fraîcheur de ces vertes montagnes.

Quelle admirable couleur ou mieux, quelles admirables couleurs, combien de teintes vertes différentes s'harmonisant à ravir pour la plus grande joie des yeux.

Ah ! belle Nature ! ce jour-là vous vous êtes fait un zélé partisan.

Heureuse la Suisse embellie par vos soins, comblée de vos trésors.

Nature, je vous mets au-dessus de tous les arts, je ne veux avoir d'autres maîtres que vous.

Tout le bonheur de ma vie sera d'admirer vos charmes, je veux aller voir vos merveilles sous tous les ciels, sur tous les rivages. De retour sous mon toit champêtre je célébrerai vos bienfaits et votre magnificence.

Ayant jeté les yeux dans notre compartiment, je fus vivement choqué : là se trouvaient deux jeunes hommes, si ce nom peut s'appliquer à deux êtres entourés de manteaux de toutes sortes, de petits sacs, de nécessaires, d'ombrelles ; leur caractère efféminé poussait la manie jusqu'à avoir des voiles à leurs chapeaux. Quand on est si peu naturel devant une Nature dont la simplicité agreste a tant de charmes, on est naturellement ridicule ; le brin d'herbe de la route est en droit de s'en moquer.

Après tout, il faut bien des conducteurs de cotillons ; que deviendraient les modes si de tels héros ne s'en faisaient les champions ?

De vallées en vallées, de montagnes en montagnes, nous nous arrêtons au bord d'un lac : c'est Lucerne !

Quelle grâce dans la position de cette ville se baignant dans une eau si jolie qui reflète ses clochers !

On vivrait immobile comme un rocher devant ce tableau gracieux ; je n'en veux plus aux dieux de la mythologie de métamorphoser les hommes en pierres, en lauriers, si ils les enracinaient en des lieux aussi charmants. Je souhaiterais pour moi-même les effets semblables de leur caprice.

Le lac des Quatre-Cantons, c'est tout un monde de magnificences naturelles, de souvenirs, d'impressions, de joie, d'études. Guillaume Tell, immortalisé peut-être plus par Rossini que par ses crimes politiques, semble vous en faire encore les honneurs.

A Amsteg, d'après un plan de campagne arrêté à Paris par Léon B....., devait se faire la première halte ; la route pour y arriver traverse des villages pittoresques, où des paysans en costume national jouaient aux boules, tiraient de l'arbalète, c'était à se croire en plein Opéra.

Amsteg est un hameau, l'auberge est bonne, l'hôtesse joue de la guitare.

La journée était finie ; que de plaisirs et de jouissances, comme de telles journées sont rares dans la vie !

Les Suisses auraient bien dû, en chassant l'étranger, se défaire aussi du déplorable usage des lits disposés à la façon allemande ; il n'y aurait pas de trop de toutes les plumes d'édredon qui composent un lit allemand pour écrire les injures et la critique que mérite une invention aussi abominable.

— 14 AOUT. —

La semaine venait de commencer il y avait quatre heures, quand, désireux de la bien employer, nous partîmes en voiture; il pleuvait à torrents, la pluie était froide, nous montions le *Saint-Gothard.*

A travers les nuages se voyaient de toutes parts la neige et les glaciers.

C'est une effroyable gorge que celle qui mène au *Pont-du-Diable* et à l'*Hospintal.* Voilà bien les cascades et les anfractuosités des rocs qui ont inspiré Gustave Doré.

Si les jours ne se ressemblent pas, les flancs des montagnes ne se ressemblent pas non plus. Nous le vîmes bientôt en descendant sur l'autre versant. A l'Hospintal, nous rencontrons les deux frères Y..... voyageant en touristes, armés du bâton ferré.

Nous louons des chevaux de poste, achetons un poulet et reprenons notre ascension. Ce poulet nous fit faire des réflexions: n'est-il pas l'image de ces hommes qu'on élève après leur mort? Jamais, avec ses ailes, ce poulet ne se serait élevé aussi haut de son vivant : ses os blanchis se perdent maintenant dans les nuages.

Mais la montée cesse, les nuages s'entrouvent un peu ; nous redescendons et, des entre-lacs effrayants de la route, nous avons sous les yeux une admirable vue de l'Italie. Une immense vallée, des sapins, des cascades, un ciel chaud : enfin l'Italie, ce pays qui entraîna jadis des peuples entiers, qui jouit du privilége d'attirer encore toutes les intelligences, tous les cœurs.

L'Italie !!! à ce mot, le cœur bat, les yeux sont éblouis, il semble qu'un trésor soit devant vous, qu'on vous donne un concert, l'oreille entend un mot d'amour, c'est que l'Italie c'est Rome, Naples, Florence, Milan, Venise.

A Airolo, nous prenons de nouveaux chevaux et une nouvelle voiture ; à Bellinzona, nouvelle voiture et nouveaux chevaux. Nous eûmes juste le temps avant la nuit d'apercevoir les murailles de la ville, les forts, les peintures dans les rues, les petites chapelles, et de rester convaincus du cachet pittoresque de cette ville. A la nuit, nous étions à Magadino, à l'hôtel du Belvédère.

Léon B... était fier d'avoir parcouru tant de chemin en si peu de temps, c'est l'homme qu'il faut au progrès.

— 15 AOUT. —

A six heures du matin nous mettions pied sur le bateau à vapeur, ce début n'avait rien que de très ordinaire, les rives du lac Majeur sont assez insignifiantes. Dans le lointain cependant le panorama des glaciers est imposant et la perspective en est belle.

Sur notre bateau se trouvait un voyageur qui avait perdu une de ses malles, son désespoir nous amusa beaucoup et nous nous félicitions de n'avoir qu'un simple sac pour tout bagage.

Image des gens qu'une grande fortune embarrasse et des soucis qu'elle leur cause. Heureux celui qui peut dire comme Simonide : *Mecum mea sunt cuncta.*

Le bateau touche aux îles Borromées, nous visitions les villas d'Isola Bella, tout y est charmant de végétation méridionale. Des camélias en pleine terre atteignent de gigantesques proportions : les arbres de tous les climats et de toutes les essences sont confondus, on dirait un concile de végétaux; Dieu, qui fait bien toutes choses, a voulu sans doute que les malades qui viennent ici demander au soleil une vie qui leur échappe, retrouvassent dans les plantes du Nord le souvenir de leur froid pays, douce consolation de la patrie absente.

Le steamer nous mène ensuite sur la rive orientale à *Luino*; nous y prenons la diligence. Par des rues étroites et tortueuses, nous abandonnons les rives du lac. Assis

sur l'impériale, nous parcourons par une soirée charmante des villages, des bois, des vallées, jusqu'à Lugano.
Un hôtel splendide nous offre un abri des plus élégants :
la salle à manger surtout atteignait des proportions co-
lossales, elle est digne des fresques magistrales du pinceau
de Véronèse.

— 16 AOUT. —

A cinq heures du matin nous quittons le rivage dans une petite barque couverte d'une tente en toile ingénieusement tendue. Le lac de Lugano est sauvage, ses bords escarpés sont couverts de vignes souvent maltraités par l'orage. On peut dire qu'on se sent naviguer sur un volcan ; on a une sorte d'appréhension que l'eau ne disparaisse tout-à-coup et que les bords de ce cratère humide ne se referme sur vous.

Notre barque s'amarre bientôt à Porletza ; pour la remplacer, nous frettons une carriole qui nous transporte rapidement en vue du lac de Côme.

Placé sur la hauteur où nous étions, le spectateur a sous les pieds une nappe d'eau qui brille comme de l'argent ; à droite le lac se bifurque et une verdure admirable semble sortir de ses eaux ; à gauche les contreforts des Alpes entassés les uns sur les autres et pressés, semblent s'être arrêtés là dans leur soulèvement pour ne pas troubler tant d'harmonie et de charme, et comme saisis eux-mêmes par ce spectacle.

Ils forment un rempart contre le froid aquilon qui ne visite jamais ces bords. En un mot, ce panorama est une merveille.

Que n'êtes-vous là, Josué, pour arrêter le soleil ; cesse de filer Parque maudite que rien ne soit changé au tableau, je veux rester ici en contemplation.

La vue de ce triple lac est splendide..... Voilà de ces instants que l'esprit voudrait éterniser.

Arrivés au bord du lac une nouvelle barque nous promène successivement à tous les palais qui bordent les rives.

A la villa Sommariva, pleine des chefs-d'œuvres de Canova, se trouve, par un heureux hasard, le groupe si heureux de Psyché et de l'Amour, si la vie était rendue à ce marbre qui semble n'attendre qu'un coup de la baguette d'une fée, ces êtres enlacés se blottiraient à quelques pas sous les bosquets ne pouvant mieux choisir le théâtre de leurs amours.

Après avoir visité plusieurs autres villas, toutes élégantes, nous nous mettons en route pour Lecco ; en dépit d'un coup de vent, qui semblait devenir inquiétant, nous touchons à ce port.

— 17 AOUT. —

C'est maintenant le tour de la locomotive de servir notre impatience, je n'ose pas dire que nous faisons une course au clocher, mais je puis dire que nous la faisons de clocher en clocher, car aujourd'hui nous comptons ceux de Bergame, de Brescia, de Peschiera, de Solférino.

Sous prétexte de fumigations à Brescia, dans une salle de la gare on nous enfume comme des renards, le choléra rend les hommes inhumains, au risque de nous étouffer, on veut détruire en nous le germe du fléau.

Le lieu le plus curieux de Brescia, c'est son cimetière : on dit que la vue d'un tombeau glace certaines personnes, j'aurais voulu les voir dans ce champ de mort ; jamais la chaleur du soleil ne me parut plus insupportable, c'était à demander au fossoyeur de nous mettre à l'abri sous six pieds de terre.

Nous passons auprès du champ de bataille de Solférino, nous avons éprouvé d'amers regrets à la vue des monuments funèbres ; Solférino est un nom de victoire, le cœur se serre cependant en pensant aux conséquences d'une politique qui a amené dans ces champs les armées françaises pour combattre les Autrichiens, nos alliés naturels, dont nous devons consolider les droits plutôt que de les amoindrir.

Puis viennent les fortifications de Vérone, elles sont effrayantes. Faut-il donc tant de défense contre les Italiens? A la place de ces derniers, loin de me plaindre, de ces redoutes, j'en tirerais vanité, elles donnent une idée exagérée de leur courage.

Mais laissons-là ces souvenirs pénibles. Nous voici sur le point d'arriver à Venise, la ville de nos rêves, il fait nuit, nous cherchons malgré l'obscurité à l'apercevoir, mais rien.

Le train en pleine mer est lancé à toute vitesse, on tremble presque en songeant que s'il ne s'arrête pas, il va plonger au bout de la digue, dans l'Adriatique, comme un crocodile poursuivi court se cacher dans le Nil.

Voici le débarcadère au bout des salles d'attente que nous traversons du même pas rapide que l'on met à franchir le péristyle et les corridors de l'Opéra, un soir de première représentation ; nous croyons jouir d'un beau spectacle, nous retombons dans la nuit.

Des gens crient, nous poussent ; à chaque instant, je m'attends à tomber dans un canal. Tout à coup, un mot infernal vient frapper mes oreilles, j'entends une voix crier : l'omnibus. Un omnibus à Venise ! mais on a donc comblé les canaux ! on peut donc prendre une correspondance pour la Piazzetta?

Ce qui s'est passé, je ne le sais pas, mais je me suis trouvé assis dans une gondole au milieu du silence de la nuit et d'un obscur canal, avec une pâle et unique lanterne à l'avant. Bonheur ! surprise ! j'aurais voulu rester la nuit entière à courir ces sombres allées sans poussière et sans bruit ; je croyais entendre une guitare redire la sérénade de don Juan, le corps de don Gusman d'Aranda, tomber à l'eau, le bruit de l'éventail de Formosa Baldone, masquée et penchée sur son balcon. Quelle jolie et charmante minute. Quels souvenirs de satisfaction.

Venise dépasse tous mes rêves ! Je dois au lecteur de cette mauvaise prose l'explication de mon omnibus, c'était une gondole-omnibus, les chevaux percherons n'ont rien à faire ici. Vous riez de moi, et que dirait un Vénitien débarqué à Rouen, à la proposition d'un conducteur de le mener en gondole à Quevilly, il serait aussi bien surpris.

Cicéron se plaignait de son temps du mauvais emploi des mots, sans être avocat aussi habile je puis bien protester cette fois sans me plaindre.

Et le gondolier? le gondolier était sale, sans costume, et ne chantait pas les vers du Tasse. Mais à chaque angle du canal, par un cri particulier, il signale son approche à la gondole silencieuse qui pourrait arriver perpendiculairement à la sienne.

Tout encore était pour le mieux, c'est dans un ancien palais transformé en hôtellerie que nous descendons au plus bel endroit de Venise. Je veux parler de l'hôtel de l'Europe. Grandes pièces, grands escaliers, peintures murales, tableaux, à la lueur vacillante de la cire, c'était à se croire trois siècles en arrière. Pour le coup j'eus grand'peine à fermer les yeux.

— 18 AOUT. —

Nous nous réveillons le lendemain au bruit des fanfares guerrières ; sont-ce des Croisés qui s'embarquent sur des galères de la République ? Fou que je suis, ce sont les clairons autrichiens que la fête de l'Empereur fait éclater en chants de victoire. Je ne veux pas mettre le doigt entre l'arbre et l'écorce, et laisse aux Italiens le soin de dire leurs sentiments secrets s'ils en ont conscience. Pour moi, il me fallait voir Venise par un jour de fête, j'étais à Venise, j'avais une fête, peu m'importe les Italiens, je crie : Vive l'Empereur avec les vestes blanches et les casques couronnés de chêne.

Nous montons au palais des Doges, c'est un véritable entassement de richesses artistiques, le goût et la dignité des anciens hôtes du palais ont fait tout disposer avec art, ces marchands si riches avaient meilleur goût que ceux de notre époque.

A l'extérieur, on est frappé du contraste qui existe entre la légèreté et l'ornementation du bas de l'édifice et la construction lourde et massive de la partie supérieure. L'architecte semble avoir voulu prouver la solidité de son œuvre en l'écrasant sous un bloc immense ; le palais paraît avoir été soumis à la presse hydraulique.

Et Saint-Marc, de quel effet sont ses mosaïques, ses marbres de toutes couleurs, ses fresques, ses dômes, ses voûtes dorées, ses chapelles sombres et mystérieuses ?

Quand nous y entrâmes, l'église était comble de militaires de tous grades et de toutes couleurs, les musiques de régiment alternaient avec le grand orgue, tonnaient avec lui le magnifique chant du *Te Deum.*

Je pensai alors qu'il y avait à Venise un prince oublié de son peuple, j'eus comme une révélation de l'émotion enivrante qu'un pareil chant d'allégresse me causerait si je l'entendais retentir dans la cathédrale de Paris, le jour où le descendant d'Henri IV entrera en maître dans la capitale de son royaume.

Certes, je ne serai pas assez maître de moi pour chanter, mais les battements de mon cœur prouveront la joie que j'ai de ce retour.

Me sera-t-il donné de voir mes vœux se réaliser? je le demande à Dieu dans mes prières.

Ce jour viendra-t-il pour de plus heureux que moi? Oui.

Car la Justice et la Tradition font partie d'une Trinité dont la Vérité est troisième personne, et ne peuvent manquer de triompher et de briller dans tous les siècles.

Mon excellent compagnon de route, plus calme, se contente du fond de son cœur de répondre : *Amen.*

En sortant de Saint-Marc, comme le lion de la colonne, une chaîne nous retient dans ses environs merveilleux ; nous nous installons au café Florian, le Tortoni de Venise, sans compter les bouquetières dont la réputation de beauté me paraît surfaite ; leurs fleurs étonnantes, leurs costumes qui ne manquent pas d'élégance et de gaîté font diversion aux souvenirs tragiques et plus sévères du masque et du stylet.

Il faut parler ici de Giuseppe Broca, notre gondolier à

cinq francs par jour pour la gondole et les explications; c'est bon marché, car si Broca n'a plus tout-à-fait assez de bras, il a par contre une langue infatigable, une mémoire excellente; il connaît Venise jusque dans les moindres coins, et aime sa ville natale.

On a plaisir à entendre ce vieil Italien pleurer l'état de captivité de sa mère-patrie, il semble par sa vieillesse le dernier cri de l'indépendance vénitienne. Nouveau Jérémie, il ne joue pas de la lyre, mais il rame sans cesse comme s'il voulait prouver par la libre allure de sa gondole la liberté qu'aime son cœur.

C'est avec bonheur qu'il répète les noms de ses illustres compatriotes, il semble les proclamer.

O pauvre Broca! c'est en vain que tu appelles les noms des Tragenigo, des Candiano, des Falieri, des Foscari, des Zeno.

Un homme est sorti d'une île où sont nés les corsaires; comme l'impie dont parle Eliphas de Théman, il a fait sa demeure dans les villes désolées, dans les maisons désertes, il a couru contre Dieu la tête levée, il s'est armé d'un orgueil inflexible.

Jaloux de toutes les gloires, de toutes les grandeurs de la terre, depuis le Pharaon jusqu'à lui. Tu étais trop belle pour ne pas lui faire envie, il a porté la main sur toi, noble reine des mers. Don Juan d'une autre espèce, il voulait que tout cède à ses lois; après lui venait le malheur.

Cependant la vague qui l'avait apporté de son île l'a remporté épouvanté sur un rocher désert. Il y est resté enchaîné, ce nouveau Prométhée.

Puis, après tant de bruit, il est mort.

C'est que celui, Broca, dont la main a écrit l'évangile et enchaîné les lions, a demandé justice pour la ville qui s'honore de l'avoir pour patron.

Dieu a écouté Saint-Marc, et, qui n'avait pas craint de donner des chaînes aux rois et des lois aux hommes, a dû céder devant des lois plus fortes, celle de la Providence.

Broca, pour tout dire, n'a pas toujours été d'une philosophie aussi spéculative, il nous a avoué avoir brisé, un jour d'émeute, les cloches du campanille et nous a présenté son fils naturel.

Nous terminâmes la journée sur le grand canal : touchant successivement au Rialto, aux palais des Pezzaro et des Canali, au Musée.

Après dîner, en attendant la nuit et un feu d'artifice, nous nous installons sur le balcon de notre palais et admirons le spectacle qui se déroule devant nous. Que de scènes charmantes dues au croisement des gondoles, aux reflets de l'eau et du marbre, au coucher du soleil, au son des cloches.

Plus belle que le jour, la nuit s'est faite : on entend de la musique à la Piazetta, nous y volons.

Toutes les gondoles sont illuminées de lanternes, c'est à qui passera la première. Puis les gondoles s'amassent, se pressent, se poussent et bientôt ne peuvent plus avancer. On croirait assister à la formation d'une banquise.

Un glaçon, puis deux, puis cent, se joignent bientôt à la place de l'eau, c'est un pavé de glace ; l'eau, là aussi avait disparu, elle était remplacée comme par un plancher.

Dominant cette masse, trois immenses pontons couverts de musiciens se mettent en marche pour le grand canal au bruit des fanfares, partout des feux de bengale, les gondoles se suivent.

Au Rialto, on revient sur ses pas ; comment va-t-on faire ? Tout cela finira par des noyades, des barques cassées. Mais voilà que, tout d'un coup, les gondoles se retournent toutes en même temps, comme ces oiseaux qui volent en bande sur le Bosphore et reprennent joyeuses de cette volte admirablement faite, le chemin déjà parcouru.

Il y avait longtemps que la dernière fusée avait été narguer les étoiles, que le dernier feu était tombé à l'eau et nous errions encore sur la mer, regrettant que ce fut si vite fini.

Ainsi passent les gloires du monde. Venise, maintenant, n'est plus une ville de plaisir, mais une ville de sévères enseignements.

— 19 AOUT. —

La seule vie heureuse, c'est la vie de voyage. Les occupations alors sont de deux sortes ; sensations et études.

Nous avions satisfait à la première loi de nos commandements, restait la seconde. Cette journée lui fut consacrée.

Dès le matin nous nous mettons en campagne, si, comme le fait Virgile, la comparaison peut s'établir entre la plaine et l'onde amère. Nous visitons telle église pour un tableau, telle autre pour une statue, celle-ci pour la sacristie, celle-là pour son portail : mais après chaque église Saint-Marc gagne de plus en plus l'estime des curieux, seule elle reste la muraille unique, seule elle s'empare de toute l'admiration de l'étranger.

Elle n'est pas inutile cependant cette visite des églises ; beaucoup de nouveautés y surprennent.

Comme étude de mœurs, je fis la suivante. Dans ces mêmes églises, les pauvres, non contents d'assiéger les portes de la maison de Dieu, vous poursuivent en mendiant même au dedans, on dirait qu'abandonnés du ciel ces pauvres diables ne s'adressent plus ni à Dieu ni à ses saints, ils désespèrent de leur misère : triste calamité, ils ne comptent plus que sur la générosité de leurs semblables. D'autres, plus confiants ou moins affamés, s'endorment au pied des colonnes dans l'ombre des chapelles, s'ils ne prient pas, ils souffrent. Ils ont entendu dire : qui dort, dîne. Ils peuvent se dire : qui ronfle, prie.

Le soleil est si gai, si chaud, si nourrissant que ces pauvres, pour la plupart fainéants de vocation, ne sont guère à plaindre.

Voici venir un enterrement, il s'arrête devant l'église : point de draps noirs, point de tentures sombres. Les bannières, les chandeliers en grand nombre, les vêtements des prêtres et des choristes, par leur variété, font d'un enterrement une procession qui est loin d'être affligeante ; quant au char, c'est une gondole comme les autres, noire et mystérieuse. Dans l'église, les éventails marchent comme au spectacle, et la mantille des femmes n'a rien de plus ou de moins qu'un jour de bal.

Mais revenons à Saint-Marc, car il fait chaud et on est bien sous ses voûtes, adossé contre une colonne de basalte. Il fait très sombre dans cette cathédrale de style byzantin, aussi admire-t-on difficilement les mosaïques, les sculptures que le temps aussi se charge de voiler aux regards ; malgré cela, que de merveilles, que de richesses nous éblouissent.

Voyageur imparfait selon la méthode que j'ai formulée précédemment, je me laisse aller plus à la sensation qu'à l'étude en présence de curiosités si impressionnantes et je me mets à rêver.

Les dalles de l'église ne sont plus de niveau. Ce sont sans doute les ombres des procurateurs, des sénateurs qui, surprises par le jour dans leur ronde nocturne n'ont pas eu le temps de refermer leurs tombes.

Andréa Dandolo, on foule aux pieds ta dépouille mortelle, toi qui as vu les fronts à la poussière de tes pas !

A la vue de ce sol de marbre agité comme des flots, il me semble que cette Adriatique, épouse chérie des maîtres de la République, s'infiltre jusqu'à leurs cercueils, vient gémir près d'eux, caresser leurs cendres, les bercer et leur rapporter l'anneau des fiançailles.

Sous cette autre pierre, un trésor et des bijoux ont été cachés, ils brillent à travers : folle idée, c'est le soleil qui anime les couleurs d'un vitrail et les fixe sur le marbre étendu sous les pieds.

Un violent orage éclate, un de ces orages formidables qui sont fréquents en Italie ; des torrents de pluie s'abattent sur la ville plongée dans l'obscurité et je me vois déjà en gondole naviguant dans l'église comme le firent les habitants à la fête de Noël de 1844.

Un air de Verdi vient m'arracher à mes rêveries et faire tomber d'un seul coup de grosse caisse tout l'échafaudage de mon imagination.

De Verdi ou de Garibaldi, quel est celui que les Italiens préfèrent? Je ne saurais trop le dire. La musique du premier est jouée par les orgues d'églises, par ceux de barbarie, elle est fredonnée par tous, les éditeurs de musique n'ont que de cette marchandise.

Le soir, non contents d'avoir passé la journée sur l'eau, nous allons au Lido, cette rive sablonneuse et triste ne doit pas sa réputation à elle-même, mais à ceux qui la lui ont faite, son seul mérite est d'être de la terre ferme et une digue qui garantit les lagunes des tempêtes de l'Adriatique.

— 20 AOUT. —

La messe du dimanche fut un nouveau prétexte pour retourner à Saint-Marc. Je n'affirmerai pas mon recueillement, d'autant plus qu'aux beautés architecturales, s'ajoutaient d'autres beautés moins sévères qui ne me donnèrent pas l'exemple de la prière ; au fait, la beauté des femmes tient de celle des anges ; leur rendre hommage c'est louer le Créateur.

Le temps qui ne cessait d'être splendide depuis notre arrivée en Italie était encore plus chaud ce jour-là, nous mîmes à la voile pour Malamocco, l'une des trouées qui permettent aux navires d'arriver jusqu'à la Piazetta à travers les lagunes, rien de curieux de ce côté au point de vue du pittoresque.

En revenant, nous avons visité le couvent des arméniens, ces savants ont bien choisi le lieu de leurs études et de leur recueillement.

Leur île semble une autre Venise au milieu de Venise même, leur délicieux cloître planté d'arbres est un vrai paradis terrestre. Sans doute pour nous faciliter l'entrée de l'autre paradis, ils nous offrirent la prière de Saint-Narsès, éditée en vingt-quatre langues différentes. Désireux de témoigner notre sympathie à ces révérends Pères, nous faisons emplette de leur livre.

Avec un tel volume on aurait fait fortune au pied de la tour de Babel.

Devant partir le lendemain, nous allons dire adieu à notre reine, du haut du Campanille, là on la voit tout entière. Ses milliers de canaux qui s'entrecoupent font comme les mailles d'un filet qu'on aurait jeté sur la mer. Venise semble prise comme un poisson gigantesque, les toîts couverts de tuiles ajoutent à l'illusion par leur couleur d'écaille.

Les pigeons de Saint-Marc sont des habitants trop respectés de la ville pour les passer sous silence. Ces voyageurs ailés ont d'ailleurs notre sympathie, nous sommes presque camarades.

Leurs ancêtres apportaient au conseil des Dix, la nouvelle des victoires sur les Turcs. Si la métampsycose est vraie, l'âme de Desdemone est dans l'un d'eux.

Voyez ceux qui ont de si beaux colliers, ce sont d'anciens doges, ils portent les insignes de leurs dignités d'autrefois.

Fait rare, un théâtre jouait le soir *Hernani*, non pas la Fenice, fermée comme trop nationale, mais un autre plus modeste.

Des soldats allemands, l'arme au bras faisaient faction dans la salle. La musique qui affranchit l'esprit de toute entrave, s'accomode mal de ce régime militaire ; cette claque d'un nouveau genre n'était pas faite pour entraîner la salle au surplus mal garnie.

Venise est en deuil ou ne s'y amuse qu'à la force des baïonnettes.

— 21 AOUT. —

Au commencement de ce récit, j'ai dit que le soir était l'heure à laquelle je préfère quitter Paris, Venise ne se peut quitter que le matin et encore c'est une douleur bien grande. Nulle part la vie n'est aussi charmante. Au fond d'une gondole bercée par la vague, les misères de la vie disparaissent ; en tête à tête avec le ciel et la mer, une douce mélancolie s'empare de l'âme, des réflexions on passe à l'extase, puis aux rêves les plus doux. A l'idée de quitter ces lieux de bonheur, un serment vous échappe, celui d'y revenir et d'y amener ceux qu'on aime, ceux qui sont nés pour les joies douces, ceux dont la sensibilité est le partage.

La vie à Venise, ce n'est pas une paresse oisive, c'est une prière muette, prière de reconnaissance et d'amour qui revient sans cesse comme les grains d'un chapelet.

A quatre heures du matin nous n'étions plus à Venise. Est-ce mauvaise humeur d'avoir quitté la patrie des rêves? la ville de Padoue nous parut affreuse. Hommage cependant à Saint-Antoine et à la fresque de Léonard, aussi belle par la grandeur du sujet que par la manière dont il est traité.

Une salière renversée, des couteaux croisés auprès du Judas m'ont donné le mot de superstitions dont l'origine m'était inconnue.

A Vicence, l'aspect de la ville est laid aussi. Des cu-

riosités artistiques intéressantes nous consolent un peu
de Venise qui s'éloigne ; entre autres le modèle d'un
théâtre romain à décors invariables avec des coulisses
fort singulières. La scène représente la place publique
et des rues en perspective. Une voile suspendue au-dessus des gradins donne l'idée du velum antique.

L'architecture a de beaux morceaux dans les palais
et l'hôtel-de-ville. Dans ce dernier, une immense salle
passe pour la plus grande du monde.

A Vérone, ce sont les arènes qui sont la curiosité
saillante, nous n'avons pas songé à demander *du pain et
des bêtes;* mais nous demandons de l'eau à grands cris,
tant la chaleur était épouvantable.

— 22 AOUT. —

En une journée, le chemin de fer nous transporte à Milan, où nous arrivons à la nuit. Pas du tout phraseur le chemin de fer.

— 23 AOUT. —

L'arc de triomphe de Milan n'est pas sans défauts, les chevaux du char qui couronnent le monument sont d'une symétrie désolante. Cette ville de Milan est si mal bâtie qu'il ne vous vient pas à l'idée que cet arc de triomphe en soit l'entrée.

Milan vous fait l'effet d'un faubourg, et de l'autre côté de l'arc vous cherchez la ville.

La cathédrale, qui s'appelle le dôme, est une merveille éblouissante, non pas unique selon moi, l'abbaye de Westminster est certainement aussi découpée, seulement à Milan la pierre est remplacée par le marbre, le brouillard par le soleil, et au lieu d'une église sévère portant aux idées graves c'est un buisson ardent.

Comme les yeux de Moïse, les nôtres n'auraient pu supporter tant d'éclat, sans le secours de lunettes à verres bleus. Le vénérable patriarche sur la montagne d'Horèb avait sans doute oublié les siennes.

Moyennant ce masque de verres, nous comptons les statues, les escaliers, les clochetons, et comme il arrive malheureusement toujours quand le voyageur se fie à son guide pour lui faire juger des choses nous tombâmes dans des détails sans intérêts.

S'il m'est permis de donner un conseil en fait de voyage, je dirai ceci : Faites jaser le guide, cicerone ou drogman, comme vous voudrez l'appeler, jusqu'au moment où vous serez devant l'objet curieux, puis alors imposez lui silence, envoyez-le à l'écart. Je n'en ai jamais connu qu'un seul intelligent, c'était en Orient ; devant les merveilles il s'asseyait, allumait son tchibouk, et contemplait la scène à travers une légère vapeur dont a on dit bien du mal, sans tenir compte de ses nombreux avantages.

A proprement parler, il n'y a pas d'ensemble dans le dôme, mais agglomération. Monument immortel, toutefois ne serait-ce que par le grand acte de repentir et d'hommage de l'empereur Théodose.

Jules Janin a écrit sur la cathédrale de Milan des lignes pleines de poésie et d'imagination ; le nombre des images et des pensées est égal à celui des statues, les premières sont brillantes comme le marbre qu'il anime, ses pensées en ont la candeur. Celui qui sait décrire ainsi est digne d'avoir son nom inscrit sur une des colonnes de ce monument universel.

La journée fut employée à visiter la bibliothèque, riche en vieux manuscrits, le théâtre de la Scala, aux nombreux rangs de loges que n'interrompent ni balcon, ni amphithéâtre, l'exposition nouvelle de peinture qui nous fit faire de tristes comparaisons entre le présent et le passé artistiques de l'Italie.

Si les brigands ne nous ont pas arrêté sur les routes, en revanche l'hôtelier nous rançonne de la belle manière.

— 24 AOUT. —

A trois heures du matin, un train nous emmenait à la chartreuse de Pavie, ce monument comme originalité l'emporte de beaucoup sur la cathédrale de Milan, sa situation au milieu des champs, sous le beau ciel de l'Italie, en fait une délicieuse retraite. François Ier avait bien choisi sa prison.

Est-ce grande pénitence que d'être ici chartreux? Qu'en pensent les frères de Grenoble?

Dieu est partout, cependant n'est-ce pas sur le haut des montagnes que sa grandeur comme Dieu et comme homme s'est particulièrement manifestée.

Le père Custode sans souffler mot nous fit voir le cloître, en revanche un sacristain nous assomma de détails.

Dans l'alberge del Vapore, à une demi-lieue de la station, on nous donna un déjeûner frugal en plein air sous des treilles, le site était charmant, quoique sans horizon, tout autour de nous des vignes se mariaient aux mûriers comme dans une forêt vierge.

Il fallut attendre longtemps un train à la station. Pour charmer notre attente nous fîmes la conversation avec un jeune Turinois qui était muet.

C'est la seule fois que causant avec un Italien nous ayons pu nous faire comprendre.

Enfin nous partons pour Gênes au milieu d'un nuage

le poussière, nous trouvons grand plaisir à acheter à chaque station de superbes grappes de raisin, plus grand plaisir encore à les savourer. Le devons-nous à notre longue privation causée par la crainte du choléra, jamais fruit ne nous parut meilleur ; jamais après vendange Bacchus n'a été plus célébré.

Gênes a de nombreuses curiosités artistiques, des palais pleins d'intérêt , mais son principal mérite, c'est sa position ; aussi la ville est-elle plus belle par l'ensemble que par les détails. Dans les églises, les confessionaux me parurent plaisants, ils ont l'air d'écumoirs, il y en a dont les trous sont plus ou moins grands, sans doute selon que les péchés sont plus ou moins gros.

Pour d'habiles voyageurs, il suffit d'une demi-journée pour tout voir ; aussi songeons-nous à continuer notre route. La diligence ne part que le lendemain matin ; pour utiliser la soirée rien n'est mieux que le théâtre. On y joue le *Ballo in Maschera*, c'est encore du Verdi, mais qu'importe c'est de la musique. La musique trouva en nous, comme toujours, de zélés partisans.

— 25 AOUT. —

A huit heures du matin, nous nous installons sur la banquette de la diligence en compagnie d'un Irlandais, retour de Suisse, et du conducteur.

L'administration des messageries impériales s'inquiète peu, paraît-il, des banquettes, on y est affreusement mal, sauf le conducteur, qui s'est fait la part bonne en refoulant par une séparation les voyageurs qui ont le plaisir de sa société.

Le nôtre nous combla de gracieusetés, sa gourde et ses cigares furent mis à notre disposition.

La beauté effrayante de la route appelée Corniche, nous fit oublier bien vite le peu de confort de l'installation et, jusqu'au soir, notre admiration fut au comble.

Tantôt sur la grève, tantôt sur le haut des rochers, la diligence suit le bord de la côte ; les chevaux marchent sur la vague ou la dominent. La végétation est comme celle du midi de la France, un peu rabougrie, mais de place en place, un palmier, des aloès vous font rêver de l'Orient.

Quand la diligence trouve une rue de ville, les habitants fuient à son approche comme à celle d'une invasion de Vandales ou de Visigoths, c'est qu'à elle seule elle remplit la rue et qu'il serait dangereux de rester devant sa porte.

D'une fenêtre du premier étage, la receveuse des

postes échange avec le conducteur ses paquets de lettres.

Ne voulant rien perdre du beau spectacle de la route, nous faisons halte à la tombée de la nuit à Oneglia.

Nous avions compté sans notre hôte, au lieu de l'hôtel indiqué par le guide, nous ne trouvons qu'une affreuse et sale auberge italienne où le dîner fut bien mauvais, composé, quoiqu'il fût, de poissons et de légumes impossibles à reconnaître dans l'huile et dans les sauces d'une force que notre palais ne pouvait souffrir.

La salle à manger était curieuse, éclairée par des lampes en cuivre à plusieurs becs de forme romaine.

Des chauves-souris volaient sous les voûtes. Et derrière des piliers gris qui soutenaient cette espèce de caveau je m'attendais à voir paraître le bout d'une escopette et le poignard d'un Diavolo peu galant.

Il n'en fut rien. Nous ne fûmes assaillis que par les punaises, moins bien armées mais *plus féroces.*

— 26 AOUT —

Ne voulant rien emporter qui appartînt à la ville d'Oneglia, et ne tenant pas à augmenter mon bagage, j'allai noyer dans la mer ce que j'avais pu m'approprier à mon corps défendant pendant cette fatale nuit.

A peine étions-nous installés dans le coupé de la diligence qu'une poussière étonnante s'abattit sur nous.

Avait-elle fait le pari avec la neige des Alpes d'engloutir une malle-poste?

Un vieux général, jadis élève de Napoléon Ier, occupait la troisième place, il fit le récit de ses campagnes et du nombre de coups de canon qu'il avait entendus. Il célébra les vertus de la vieille bonne qui maintenant lui aide à frictionner ses membres fatigués.

Il habitait Vintimiglia, nous le laissâmes en passant à la porte de sa maisonnette.

Combien peu comme lui ont eu le bonheur de revenir aux lieux qui les avaient vu naître et d'où ce farouche conquérant les avait inutilement arrachés pour satisfaire une monstrueuse et perfide ambition.

Mais voilà la France; la douane, au moment de toucher le sol de la patrie, ne gâte pas trop, par ses vexations, nos sentiments patriotiques.

Quand pourra-t-on rentrer dans son pays sans trouver de barrières et d'empêchements.

Les gouvernements parlent d'alliance, de bons rapports; mais avant tout, s'ils sont sincères, qu'ils suppriment les douanes et que l'enfant du pays ne trouve pas au seuil de la patrie la méfiance et les perquisitions.

La route est aussi belle en France qu'en Italie. C'est toujours la corniche suspendue sur la Méditerranée serpentant dans la montagne.

A Menton, même admiration qu'en sortant de Gênes. On s'étonne jusqu'à Nice de la route tracée et suivie.

— 27 AOUT. —

C'est à cinq heures du matin que nous parcourons, par une chaleur tropicale, les rues de Nice, ce n'est pas la saison de sa splendeur. Les curiosités naturelles sont nulles. Nous partons pour Marseille. Le repos du dimanche est strictement observé, aucune animation dans le port, d'ailleurs encombré de vaisseaux. La chaleur est écrasante. Nous montons à Notre-Dame-de-la-Garde, la vue y est splendide. On est ému autant par la grandeur naturelle du spectacle que par la sainteté du lieu que la piété de tant de fidéles a consacré.

Nous apprenons que le choléra sévit avec fureur à Marseille, cela n'empêche pas la population d'encombrer la Cannebière.

Malgré notre envie de quitter Marseille, nous y passons la nuit. Les moustiques n'oublient pas de faire leur besogne.

— 28 AOUT. —

A Arles, le manque de voitures à la gare nous prive du plaisir de voir la ville. Nous déjeûnons à Avignon, visitons le palais des Papes.

La chaleur est étouffante, décidément on ne peut plus y tenir, nous nous envolons vers le Nord.

A Lyon, une pluie battante nous fait prendre une triste idée de la ville.

Notre cœur a devancé la locomotive qui nous ramène au point de départ.

Car là, nous attendent des parents et des amis.

Mais nous avons laissé une part de notre pensée à Venise qui nous sollicite et nous rappelle.

FIN.

www.ingramcontent.com/pod-product-compliance
Lightning Source LLC
La Vergne TN
LVHW012308050726
842524LV00004B/1273